BEI GRIN MACHT SICH IHR WISSEN BEZAHLT

- Wir veröffentlichen Ihre Hausarbeit,
  Bachelor- und Masterarbeit

- Ihr eigenes eBook und Buch -
  weltweit in allen wichtigen Shops

- Verdienen Sie an jedem Verkauf

Jetzt bei www.GRIN.com hochladen und kostenlos publizieren

Alexander Kauther

"Des Flugplatzhundes Ende" - Der Werkshund "Pilot"
von den Albatroswerken GmbH und sein Herrchen
Direktor Otto Wiener

Heft 9 aus der Dokumentenreihe über den Flugplatz Berlin-Johannisthal
1909-1914

GRIN Verlag

Bibliografische Information der Deutschen Nationalbibliothek:

Die Deutsche Bibliothek verzeichnet diese Publikation in der Deutschen National-
bibliografie; detaillierte bibliografische Daten sind im Internet über http://dnb.d-
nb.de/ abrufbar.

Impressum:

Copyright © 2011 GRIN Verlag GmbH
Druck und Bindung: Books on Demand GmbH, Norderstedt Germany
ISBN: 978-3-656-01733-2

Dieses Buch bei GRIN:

http://www.grin.com/de/e-book/179228/des-flugplatzhundes-ende-der-werkshund-
pilot-von-den-albatroswerken

GRIN - Your knowledge has value

Der GRIN Verlag publiziert seit 1998 wissenschaftliche Arbeiten von Studenten, Hochschullehrern und anderen Akademikern als eBook und gedrucktes Buch. Die Verlagswebsite www.grin.com ist die ideale Plattform zur Veröffentlichung von Hausarbeiten, Abschlussarbeiten, wissenschaftlichen Aufsätzen, Dissertationen und Fachbüchern.

Besuchen Sie uns im Internet:

http://www.grin.com/

http://www.facebook.com/grincom

http://www.twitter.com/grin_com

Dokumentenreihe zum Flugplatz Berlin-Johannisthal
1909-1914 – Heft 9

Alexander Kauther - Paul Wirtz

„Des Flugplatzhundes Ende"

Der Werkshund „Pilot" von den Albatros-Werken GmbH
und sein Herrchen Direktor Otto Wiener.

Heft 9
aus der Dokumentenreihe über den
Flugplatz Berlin-Johannisthal 1909-1914.

Des Flugplatzhundes Ende

Der Werkshund P i l o t von den Albatroswerken GmbH und sein Herrchen Direktor Otto Wiener

Herausgeber & Autoren: Alexander Kauther, Berlin und Paul Wirtz, Jülich.
© September 2011, 1. Auflage

Deckblatt- und Homepagegestaltung: D&M agentur, www.dundm-agentur.de
12487 Berlin-Johannisthal, Winckelmannstraße 70.

Inhalt

Anmerkungen der Autoren

Der Johannisthaler Flugplatz - der erste zivile Motorflugplatz Deutschlands -, eröffnet am 26. September 1909, existiert nicht mehr. Er hat 1945 mit der letzten Landung des Flugzeugs Lissunow Li-2 aus Moskau und 1995 mit einer historischen Flugschau endgültig ausgedient.

Heute stehen viele neue Häuser auf dem Flugfeld und fast nichts erinnert mehr an diesen historischen Ort. Kennen die jetzt dort angesiedelten Haus- und Grundstückbesitzer die Geschichten, die mit den Straßen - benannt nach Luftfahrtpionieren - verbunden sind?

Obwohl dort selbst auf dem Platz nicht wohnhaft, interessierte uns, ob noch zeitgeschichtliche Bilder und Dokumente aufzufinden wären, die uns über diesen historischen Ort Auskunft geben. Wir begannen zu recherchieren, nachzulesen und zusammenzutragen.

Dabei fanden wir einen kleinen Artikel in der „B.Z. am Mittag von 1911", der einen ungewöhnlichen Unglücksfall mit dem Werkshund *Pilot* der Albatroswerke GmbH beschreibt. Jetzt waren Recherchen gefragt und wir können nun die ganze Geschichte darüber dem interessierten Leser anbieten.

Berlin-Johannisthal, September 2011
www.johflug.de

Des Flugplatzhundes Ende

Artikel in der B.Z. am Mittag vom Mittwoch, 1. März 1911:

„Des Flugplatzhundes Ende

Allen ständigen Besuchern des Flugplatzes Johannisthal wird ein zottiger grauer Hund aufgefallen sein, der den startenden Flugmaschinen in gestrecktem Galopp nachlief und, wenn das Flugzeug sich in die Lüfte erhob, wie angewurzelt stehen blieb und dem Riesenvogel nachguckte.
*Der Hund, der der Rasse der schottischen Schäferhunde angehörte und dem **Direktor Wiener** der **Albatroswerke** gehörte, war ein besonderer Liebling fast aller auf dem Flugplatz übenden Piloten. Das drollige Tier, das auf den Namen „**Pilot**" hörte (manchmal auch nicht, wie es ihm beliebte), hat den Fliegern gar manche heitere Stunde bereitet.*
Freilich seine Leidenschaft, den losfahrenden Aeroplanen nach - oft sogar voranzulaufen - ließ manchen den Kopf schütteln und Pessimisten prophezeiten dem braven Pilot ein Ende mit Schrecken.
Sie sollten Recht behalten!

*Gestern Vormittag hat ihn sein Schicksal ereilt. Der Albatrosflieger **König** wollte gerade zu einem Übungsfluge starten, als ihm Pilot gerade in die mit voller Tourenzahl herumwirbelnde Schraube lief.*
Mit gespaltenem Schädel blieb das arme Tier tot liegen.
Aber auch sein Mörder, der Propeller, war in Splitter gegangen.
*Die Albatros-Piloten **Laitsch, Rupp** und **König** bereiten dem treuen Tier ein stilles Grab auf dem Flugplatz.*
Wo Pilot gelebt und gestorben, dort sollte er auch ruhen! [1]

Originalartikel B.Z. am Mittag 1. März 1911.

---

[1] „B. Z. am Mittag" vom 1. März 1911.

Januar 1911, Gleitflug Simon Brunnhubers[2] auf Albatros-Doppeldecker[3]. In der Mitte der Hund Pilot. Links der Kaiserliche AERO-Club.

Der Direktor des Flugplatzes Johannisthal, *Major a. D. Georg von Tschudi* [4] schrieb 1928 in seinem Buch „Aus 34 Jahren Luftfahrt":

„...Als zum ersten Male Sachverständige den Johannisthaler Flugplatz und die dortigen Flugzeuge besichtigten und laufende Propeller sahen, wurde mir erklärt, das ginge nicht an, um die Propeller herum müßten Schutzgitter angebracht werden, damit niemand in einen laufenden Propeller geraten könne. Diesem Verlangen ist aber bis heute noch nicht entsprochen worden, obwohl nicht nur Hundeköpfe durch Propeller abgeschlagen wurden, sondern schon viele Menschen zu Schaden kamen. Man hat also wohl eingesehen, daß es nicht immer nach dem Schema geht." [5]

Georg v. Tschudi (1862-1928).

Der Werkshund *Pilot* von den Albatroswerken GmbH war der Liebling aller Besucher und fast eine Berühmtheit. Seine Hütte stand links neben dem Eingang zu den Albatroswerken GmbH. Jedes Flugzeug wurde von ihm euphorisch begleitet. Vor 100 Jahren, am 28. Februar 1911, ereignete sich dann in der Nähe des alten Startplatzes des Flugplatzes Johannisthal das Unglück.

---

[2] Simon Brunnhuber (1884-1936), alias Dr. Brück, Flugzeugführerberechtigung Nr. 20 vom 6. August 1910 auf Farman-Eindecker auf dem Exerzierplatz Döberitz. Wohnte um 1916 in Johannisthal, Köpenicker Str. 3 und Sternplatz 4. b.
[3] Foto aus der „Deutschen Zeitschrift für Luftschiffahrt" (DZL) vom 25. Januar 1911.
[4] Siehe Heft 17 aus der Dokumentenreihe über den Flugplatz Berlin-Johannisthal 1909-1914: Biografie des Major a. D. Georg Julius Friedrich v. Tschudi".
[5] Aus „34 Jahren Luftfahrt" von Georg von Tschudi, 1928, Seite 91.

Luftaufnahme der Albatros-Werke GmbH in Blickrichtung der damaligen Friedrichstraße um 1910/11, der heutigen Winckelmannstraße.

Originalfoto aus dem Jahre 1910, Albatroswerke GmbH und der Werkshund Pilot (ganz links).

Der Werkshund Pilot vor seiner Hütte neben dem Eingang zu den Albatroswerken GmbH und vor der Bretter-Umzäunung des gesamten Flugplatzgeländes.[6]
Im Hintergrund Häuser der damaligen Friedrichstraße (heute Winkelmannstraße).

---

[6] Ein rund 3 m hoher und etwa 7 km langer Bretterzaun wurde rings um das etwa 2 km lange und 1,5 km breite vorher teils bewaldetes und teils landwirtschaftliches genutztes Gelände errichtet. Heft 1 „Wie der Flugplatz zwischen Adlershof und Johannisthal entstand", aus der Dokumentenreihe über den Flugplatz Berlin-Johannisthal 1909-1914.

Kurzdarstellung der Firmengeschichte der Albatroswerke GmbH

Im Herbst 1909 hatte die in Johannisthal von *Dr. Walther Huth (1875-1964)* gegründete Ikaros-Gesellschaft in Frankreich einen Antoinette-Eindecker und einen Farman-Doppeldecker gekauft und dort *Eugen Wiencziers (1880-1917)* und *Dr. Huths* Chauffeur *Simon Brunnhuber* zu Piloten ausbilden lassen. Am 20. Dezember 1909 wurde aus Ikaros die Pilot-Flugtechnische Gesellschaft für Kunst- und Schauflüge.

Simon Brunnhuber

Eugen Wiencziers

Dr. Walther Huth

Zum Bau von Flugzeugen gründete *Dr. Walter Huth* Ende 1909 in Johannisthal (im heutigen Segelfliegerdamm) die Albatroswerke GmbH, die 1910 in Albatros-Flugzeugwerke GmbH umbenannt wurden.

Zur selben Zeit begann *Simon Brunnhuber* mit dem von *Dr. Huth* kostenlos zur Verfügung gestellten Farman-Flugzeug in der Provisorischen Fliegerschule der Heeresverwaltung unter dem Decknamen *Dr. Brück* auf dem Truppenübungsplatz Döberitz bei Spandau als Beauftragter der Albatroswerke GmbH mit der Ausbildung der ersten deutschen Militärflugzeugführer. Am 18. Dezember 1910 kaufte die Heeresverwaltung die Maschine, die damit das erste deutsche Militärflugzeug wurde. Einen Monat später übernahm sie von den Albatroswerke GmbH den ersten deutschen Nachbau des Farman-Doppeldeckers, sowie im Lauf des Jahres sechs weitere Nachbauten französischer Flugzeuge.

Die Albatroswerke GmbH wurde damit der erste Heeresflugzeug-Lieferant. 1911 bauten sie für Heer und Marine 20 Flugzeuge, 1912 wurden 49 geliefert und 1913 waren es bereits 86.
Ende 1912 übergab *Dr. Huth* die Leitung der Fabrik an seinen Partner *Otto Wiener* und blieb nur noch Vorsitzender des Aufsichtsrates.

Zu den ersten Konstrukteuren gehörte neben *Ernst Heinkel (1888-1958)* auch *Robert Thelen[7] (1884-1968)*, der es zum Chefkonstrukteur und Technischen Direktor brachte.

Von l.n.r.: Ernst Heinkel und Robert Thelen

Die Albatros-Jagdflugzeuge bildeten lange die Standardausstattung der Jagdstaffeln. 1919 verließ *Thelen* die Firma und ging zur DVL. Unter seinem Nachfolger *Dipl.-Ing. Rudolf Schubert* wurden die ersten Militärflugzeuge nach 1919 gebaut, von denen viele direkt an die Rote Luftflotte gingen, zum Teil aber auch auf den geheimen Ausbildungsplatz der Reichswehr in Lipezk in der UdSSR.

Es handelte sich dabei hauptsächlich um die Aufklärungsdoppeldecker L 65, L 76 und L 78. Da auf Grund nicht befriedigender Ausführung der Aufträge keine weiteren mehr erteilt wurden, die Entwürfe für Sport- und Verkehrsflugzeuge auch wenig Anklang fanden, war eine Liquidation nicht mehr zu umgehen. Focke-Wulf übernahm die Werkanlagen als Reparaturwerk. Dazu wurden noch einige fertige Muster aus der Albatros-Kollektion weiter werkstattmäßig betreut und teilweise sogar anfangs weitergebaut.

In Folge des Versailler Friedensvertrages 1919, in dem der Bau von Flugzeugen eingeschränkt wurde, gründete *Dr. Walther Huth* am 20. Januar 1920 die Johannisthaler Filmanstalt GmbH (Jofa) und ließ die Werkshallen unter der technischen Leitung vom Ingenieur *Willi Hackenberger[8]* in das größte Filmatelier der Welt umbauen, das am 19. Mai 1920 in Betrieb genommen wurde.

Unter der Geschäftsführung des Ingenieurs *Hanns Otto*, der Ende 1921 die Leitung übernahm, entwickelt sich die Jofa und ab 1931 die Tobis-Tonbild-Syndikat AG (Tobis) zu einem der erfolgreichsten Ateliers Deutschlands.

An die Albatroswerke GmbH erinnert heute nicht mehr viel. Auf dem Gelände befinden sich heute verschiedene Gebäude der ehemaligen Medizinischen Gerätefabrik (MGB), von den Johannisthalern als „Das grüne Ungeheuer" bezeichnet. Es ist geplant, Reste der alten Gebäude und Schuppen abzureißen.

---

[7] Heft 27: Biografie über „Robert Thelen – Ein Alter Adler in Berlin-Johannisthal" aus der Dokumentenreihe über den Flugplatz Berlin-Johannisthal 1909-1914.
[8] Willi Hackenberger war auch Schriftsteller und schrieb u. a. die Bücher „Die Alten Adler- Pioniere der deutschen Luftfahrt", Lehmanns Verlag München, 1959 und „Deutschlands Eroberung der Luft- Entwicklung des deutschen Flugwesens", Verlag Hermann Montanus Berlin, 1915.

Die engsten Freunde vom Hund „Pilot"

Otto W i e n e r (1873-1941)
Diplom-Ingenieur

Von 1910-1915 Geschäftsführender Direktor der Albatroswerke GmbH, später als Liquidator der Albatroswerke eingesetzt, danach im Kriegsministerium tätig.

Hund Pilots Herrchen Otto Wiener

Zuvor arbeitete er mit *Edmund Rumpler (1872-1940)* in der Autogen-Schweißwerkstatt in der Berliner Reinickendorfer Straße und gründete im Dezember 1909 mit *Dr. Walter Huth* die Albatroswerke GmbH. Der Technische Direktor war der Flugzeugführer mit dem Flugschein Nr. 79, *Hellmuth Hirth (1886-1938)*, vorher Flieger bei den Edmund Rumpler-Werken.

Die Albatroswerke GmbH um 1911. Hinten rechts die Friedrichstraße mit dem Haupteingang zum Werk (heute Winckelmannstraße).[9]

---

[9] Foto von www.propellerblatt erhalten.

Benno K ö n i g (1885-1912)

Chauffeur
wohnhaft gewesen in Johannisthal, Köpenickerstr. 3
(heute Grünauer Straße)
DLV-Flugschein Nr. 45 vom 29. Dezember 1910 auf
dem Flugplatz Johannisthal mit dem Flugzeugtyp
Farman-Zweidecker.

Benno König

König wurde u. a. Sieger im Deutschen Rundflug 1911 um den BZ-„Preis der Lüfte"
auf einen Albatros-Doppeldecker, der in 13 Etappen über 1.882,50 Km und fast alle
großen Städte Nord- und Mitteldeutschland berührte.
Er war bei der Luft-Verkehrs-Gesellschaft AG (LVG) angestellt, die ihren Sitz in
Johannisthal hatte.

Benno König verletzte mit seiner Flugmaschine den Hund *Pilot* am 28. Februar 1911
tödlich.

Benno König mit dem Passagier Leutnant Koch beim Deutschen Rundflug Juni 1911.

In Berlin-Johannisthal ist eine Straße auf dem ehemaligen Flugplatz nach ihm
benannt worden.

Albert R u p p (1885-1958)

Mechaniker
wohnhaft gewesen in Johannisthal, Roonstr. 18
(heutige Haeckelstr.)
DLV Flugschein Nr. 62 vom 17. Februar 1911 auf dem
Flugplatz Johannisthal mit dem Flugzeugtyp Albatros
Zweidecker.

Albert Rupp

Er belegte den zweiten Platz bei der Flugwoche Berlin-Johannisthal vom 24. bis 31.
Mai 1912.
Albert Rupp und *Willy Rosenstein (1892-1949)*[10] schrieben 1913 gemeinsam „Die
Fliegerschule – Ein Lehrbuch für den Flugschüler".

Der Schweizer Albert Rupp 1912 vor einem Albatros-Doppeldecker.

---

[10] Willy Rosenstein, Flugzeugführerberechtigung Nr. 170 vom 14. März 1912 mit einem Rumpler-
Eindecker auf dem Flugfeld Berlin-Johannisthal.

Felix L a i t s c h (1882-1972)

Beruf: Ingenieur
wohnhaft gewesen in Oberschöneweide, Kaplerstr. 1
und
Berlin-Lichterfelde, Gardeschützenweg 48
DLV Flugschein Nr. 19 vom 05.08.1910 auf dem
Flugplatz Charlouis/Frankreich mit dem Flugzeugtyp
Voisin Zweidecker.

Felix Laitsch 1913.

Am 24. Mai 1911 wurde der Sachsenrundflug mit der Etappe nach Dresden gestartet
die von Schauenburg nach einem Flug von nur 53 Minuten gewonnen wurde. Die
weiteren Etappen führten schließlich über Leipzig, Plauen nach Chemnitz.
Die Flugtage fanden ihren Abschluss mit der Auszeichnung der Sieger am 29. Mai
1911.
Gewinner des Großen Rundfluges wurde der Chemnitzer *Felix Laitsch.*

Paul Emil E n g e l h a r d (1868-1911)[11]

Beruf: Korvetten Kapitän
wohnhaft gewesen: Berlin-Schöneberg, Bozener Str. 21
DLV Flugschein Nr. 3 vom 15.03.1910 auf dem Flugplatz
Johannisthal mit dem Flugzeugtyp Wright-Zweidecker.

Nach ihm ist die Engelhardstraße in Berlin-Johannisthal benannt
worden.

Paul Engelhard

Kapitänleutnant a. D. Paul Engelhard (2. v. links) gehörte mit dem Flugzeugführer Robert Thelen zu den ersten Flugschülern der Brüder Wright auf dem Bornstedter Feld.

Er wurde Chefpilot der Wright-Gesellschaft.
Engelhard stürzte am 29. September 1911 bei einem Übungsflug mit einem Wright-Doppeldecker über dem Flugplatz Johannisthal tödlich ab. Er wurde auf dem Friedhof in Bremen-Riensberg in einer Familiengruft beigesetzt.

Absturz Paul Engelhard am 29. September 1911 auf dem Flugplatz Johannisthal.

---

[11] Heft 28 Biografie über den „Korvettenkapitän Paul Engelhard mit dem Flugschein Nr. 3" aus der Dokumentenreihe über den Flugplatz Berlin-Johannisthal 1909-1914.

Der Hund Pilot und das Restaurant Franz Tolinski

Bereits 1909, mit der Eröffnung des Flugplatzes Johannisthal, entstand in der Fliegergaststätte *Franz Tolinski*[12] eine Ausstellung, die sich ab 1912 als Aviatisches Museum präsentierte. Im Flieger-Heim befand sich eine Sammlung von Reliquien aus verhängnisvollen Aeroplan- und Ballonkatastrophen. Sämtliche freie Wand- und Deckenflächen waren behangen mit allerlei Gegenständen. Vom Propeller, Räder, Sitze, Reste von Tragflügeln und Flugschrauben bis zur kompletten Tragfläche war alles in dieser bezeichneten Ausstellung vorhanden.

Ansichtskarte um 1912 vom „Restaurant Franz Tolinski"

Das Aviatische Museum *Tolinski* war die damals umfangreichste Sammlung dieser Art in Deutschland und wurde 1932 als „Tolinski-Sammlung" in die Deutsche Luftfahrt-Sammlung, Berlin, vorerst in Hallen auf dem Adlershofer Teil des Flugplatzes, eingegliedert. Das Sammlergenie *Tolinski* zeigte Reste historisch gewordener Fliegerbrüche.

Eine zeitgenössische Quelle aus dem Jahre 1913 berichtet darüber:

„Wenn man eintritt, bemerkt man, dass diese Destille ein Museum ist. Die Wände und die Decke des Hauptraumes sind mit Trümmern von Aeroplanen bedeckt. Teile von Tragflächen, zerrissene Segelleinwand, zersplitterte Bambusstangen, verbogene Steuer hängen herum. In einer Ecke stehen zwei riesige alte Stiefel. Und an jedem Objekt klebt ein Zettel: „Vom Sturz dieses Aeroplans....Vom Absturz jenes Aviatikers...."

In einem Glase voll Spiritus prangt eine Hundeschnauze. Der Hund ist einmal in einen startenden Aeroplan geraten; zum ewigen Andenken steht jetzt seine Schnauze da, und es ist sehr appetitlich, sie anzusehen und eine Stulle mit Schlackwurst dazu zu essen..."

... Der Wirt bedient. Seine Gäste plaudern freundlich mit ihm, aber eigentlich müssten sie ihn hassen. Der Mann ist ein Sammler. Wenn er hört, dass drüben auf dem Flugplatz wieder jemand tot liegen geblieben ist, vielleicht einer, dem er gestern ein Glas Milch gebracht hat, dann tut das dem Wirt sicher leid. Aber in irgendeinem Winkel seines Kopfes wartet er doch auf die schöne gruselige Reliquie, die er jetzt wieder bekommen kann.

---

[12] Heft 2 „Restaurant und Bruchmuseum Flieger-Heim Franz Tolinski" aus der Dokumentenreihe über den Flugplatz Berlin-Johannisthal 1909-1914.

Er wird den armen Flieger warm bedauern und glücklich sein, dass das Stück Tragfläche einen großen Blutfleck hat. Und die Kameraden des Fliegers werden sich am Abend an die Wand setzen, an der das Stück Leinwand prangt und werden ruhig ihre Milch trinken. Ganz gleichgültig sitzen sie da und ihnen gegenüber sagt, schreit, dröhnt ein schmieriger kleiner Zettel: „vom Todessturz des Kapitäns Engelhard... Todessturz blau unterstrichen; der Wirt ist stolz darauf.

So müssen im alten Rom die Gladiatorenkneipen ausgesehen haben ...Es kommt die Zeit, wo ein Flieger sein Leben nicht mehr bei jedem Flug riskieren wird. Dann wird es auch solche Gladiatorenkneipen nicht mehr geben, und es wird schade sein." [13]

Innenraum im Flieger-Heim.

[13] Aus dem Museum Treptow-Köpenick (Erinnerungen-Sammlung)

✝

Dienstag, den 28. Februar 1911 starb der Hund Pilot auf dem Flugfeld Johannisthal.

Allen ständigen Besuchern des Flugplatzes Johannisthal wird in der damaligen Zeit ein zotteliger, grauer Hund aufgefallen sein, der den startenden Flugmaschinen in gestrecktem Lauf folgte. Wenn das Flugzeug sich in die Lüfte erhob, blieb er wie angewurzelt stehen und schaute dem Riesenvogel hinterher.

Der schottische Schäferhund gehörte dem Direktor der Albatroswerke, Ingenieur Otto Wiener und war ein besonderer Liebling fast aller auf dem Flugplatz übenden Flugzeugführer. Das drollige Tier, welches auf den Namen „Pilot" hörte, hat den Fliegern gar manche heitere Stunden bereitet. Freilich seine Leidenschaft, den losfahrenden Aeroplanen nach-, oft sogar voranzulaufen, ließ manchen den Kopf schütteln und Pessimisten prophezeiten dem braven „Pilot" ein Ende mit Schrecken.

Am Vormittag des 28. Februars 1911 hat ihn sein Schicksal ereilt. Der Albatrosflieger Benno König aus Johannisthal wollte gerade zu einem Übungsfluge starten, als ihm „Pilot" in die mit voller Tourenzahl herumwirbelnde Schraube seines Albatros-Doppeldeckers hineinlief. Der Propeller ging in Splitter und das arme Tier kam mit gespaltenem Schädel zu Tode.
Später konnten Gäste des Bruchmuseums im Restaurant „Flieger-Heim Franz Tolinski" in der Winckelmannstraße den Hundekopf in Spiritus an einer Wand betrachten.

Die Albatros-Flugzeugführer Benno König, Otto Wiener, Felix Laitsch und Alfred Rupp bereiteten dem treuen Tier hier sein stilles Grab.

Die Grabplatte wurde von den Autoren der Dokumentation erstellt und im September 2008 in der heutigen Wrightallee, am ehemaligen alten Startplatz, angebracht worden.[14]

---

[14] Gestaltung der Grabplatte D&M agentur in 12487 Berlin-Johannisthal, Winckelmannstraße 70 (www.dundm-agentur.de).

Wrightallee am Donnerstag, 30. September 2008

Die „Grabstelle" wird von der Hausbesitzer-Familie gepflegt und jährlich, am 28. Februar, dem Todestag des Hundes *Pilot*, werden Blumen niedergelegt.

Personenregister

Quellen

Museum Treptow, Leiterin Barbara Zibler
Zeitschrift Propellerblatt (www.propellerblatt.de)

Zeitungen und Periodika

Berliner Zeitung, B.Z. am Mittag vom 1. März 1911, Axel Springer-Verlag AG,
 INFOPOOL, Axel- Springer-Str. 65, 10888 Berlin
Deutsche Zeitschrift für Luftschiffahrt (DZL) Januar 1911, Heft 2

Literatur

Kauther/Wirtz: *Dokumentenreihe zum Flugplatz Johannisthal 1909-1914*, Heft 2, 17 und
27
Schmitt, Günter: *"Als die Oldtimer flogen. Die Geschichte des Flugplatzes Johannisthal"*
Supf, Peter: *"Das Buch der deutschen Fluggeschichte"*, Verlagsanstalt Hermann Klemm
 AG Berlin 1935, Band I
Tschudi von, Georg: *Aus 34 Jahren Luftfahrt"*, Verlag von Reimar Hobbing Berlin,
1928, Seite 91

Bildnachweis

Die Fotoquellen sind in den Fußnoten vermerkt. Ist das nicht der Fall, so befinden sich die Fotos im Privatbesitz der Autoren.